RÉFLEXIONS

SUR L'ABUS

DE QUELQUES FIGURES

ALLÉGORIQUES,

Employées en Peinture et en Sculpture.

PAR MONGEZ,

MEMBRE DE L'INSTITUT ET DU TRIBUNAT.

A PARIS,

Chez la Vᵉ PANCKOUCKE, Imprimeur-Libraire, rue de Grenelle, faubourg Germain, Nᵒ 321, en face de la rue des Pères.

Et chez les Marchands de Nouveautés.

AN IX.

RÉFLEXIONS

SUR L'ABUS

DE QUELQUES FIGURES ALLÉGORIQUES

EMPLOYÉES en Peinture et en Sculpture.

ACCOUTUMÉS dès la plus tendre enfance à voir représenter des objets qui, offerts à nos yeux pour la première fois dans un âge mûr, nous affecteraient désagréablement, nous ne réfléchissons même pas sur leur inconvenance. Du nombre de ces objets est, sans contredit, le *cœur* de l'homme. On connaît cependant la profusion avec laquelle le pinceau et le ciseau l'ont reproduit à nos regards. Non-seulement ils en ont doublé les images, mais ils les ont quelquefois multipliées à l'infini. Je m'élève aujourd'hui contre cet usage, et j'essaierai d'en montrer l'absurdité. Je suis le premier qui l'ait combattu : puissé-je être le dernier qui ait à le combattre !

Considéré en lui-même, le cœur ne peut être regardé avec intérêt que par les anatomistes : eux que l'examen d'une science, à laquelle est attachée la guérison de nos maux, a heureusement familiarisés avec la vue des membres séparés du tronc. Pour tout autre spectateur, quel hideux objet que le cœur, dont la couleur est celle du sang ; sur lequel on chercherait en vain l'épiderme, cette enveloppe dont les nuances variées et le moëlleux velouté flattent si agréablement les yeux ! D'ailleurs, isolé et séparé de cette admirable machine, à laquelle il sert de régulateur, il est privé de vie et bientôt de mouvement.

Ce n'est donc plus à nos yeux qu'un objet inerte et sanguinolent, qui n'aurait jamais dû être peint ni sculpté.

Que chacun de nous rappelle à son souvenir la sensation qu'il éprouva, lorsqu'il vit, pour la première fois, ce juge prévaricateur que son roi fait écorcher pour couvrir d'une affreuse dépouille le siége sur lequel il va faire asseoir le fils du criminel. On fut pénétré d'horreur ; et l'on dit, au moins intérieurement, que les artistes devraient se refuser à retracer des scènes aussi révoltantes. A cette sensation fâcheuse succéda, chez moi, un retour d'admiration pour les Anciens. Forcés par leur théologie à conserver le souvenir de la présomption de Marsyas et de sa punition effrayante, le plus souvent, (je dirais, toujours, si nous connaissions les monumens que la terre recèle encore) le plus souvent ils ont représenté le Satyre, non point déjà écorché, mais, ils l'ont représenté près de l'être ; et ils ont placé à ses côtés le Scythe, aiguisant le couteau fatal. Ils ont préféré d'indiquer le supplice par les préparatifs, à exposer aux regards un corps sanglant et défiguré. J'avoue, qu'en admirant la sagacité des artistes grecs, je me sentis porté à une tendre affection pour leurs contemporains, chez qui la recherche constante du beau, dans toutes choses, avait formé un goût si exquis et un tact aussi délicat. Ah ! que l'autel de la miséricorde ou de la pitié, fut bien placé au milieu d'eux !

D'après les mêmes idées de bienséance, de convenance, les artistes grecs ne représentaient jamais les Divinités regardant des morts : la vue d'un cadavre aurait souillé la pureté des intelligences célestes. D'après les mêmes principes, ils ne représentèrent presque jamais les passions dans le dernier degré d'exaltation. Jamais, par exemple, on ne vit dans leurs ouvrages, ou rarement du moins , des femmes s'arrachant les cheveux. Combien de fois cependant ils représentèrent Hécube ; et sur quelle tête les Dieux assemblèrent-ils plus d'infortunes ! Cette reine est courbée sous le poids de ses malheurs ; elle est immobile ; mais elle ne verse plus de larmes. Il n'en reste plus pour le désespoir. Andromaque dit aux Troyennes qui pleurent en voyant Ulysse arracher Astianax du tombeau d'Achille : (*Seneca in Troad. vers.* 411 *et* 412).

. . . . *Levia perpessæ sumus ,*
Si flenda patimur. . . . .

„ Nos maux ont été légers, si ceux que nous souffrons peu-
„ vent encore nous faire verser des larmes „.

Quelle sublime et touchante douleur que celle de Laocoon ! Sa bouche n'est ouverte que pour les soupirs et les sanglots : cependant il voit une mort cruelle ravir à la fois ses deux fils ; et il est près d'expirer ! La mort elle-même , que je viens de nommer , ne fut point hideuse sous le ciseau des Grecs. Un Génie renversant le flambeau de la vie , un Génie brûlant les aîles du papillon , symbole de l'ame , des roses à demi-effeuillées et répandues sur le tombeau d'une jeune fille. Tels furent chez les Grecs et chez les Romains les emblêmes de la mort. On ne voit point dans leurs bas-reliefs des squelettes, des têtes ou des os décharnés et séparés du tronc , à moins qu'ils ne tiennent la place d'une sorte d'hiéroglyphe : et ce cas se réduit peut-être à un ou deux exemples. Mais jamais ils ne firent partie d'une allégorie. Je citerai une de ces exceptions, à cause de la singularité. On trouve dans le Muséum du collége romain , un marbre antique , sur lequel est gravée l'épitaphe d'une femme qui vendait des victimes dans l'île du Tybre , et d'un sculpteur qui portait le même nom qu'elle. Aux deux côtés de cette inscription, publiée par Fabretti, (*Iscriz* , *pag.* 17 *et* 56.) sont gravés deux squelettes. Cette épitaphe a été publiée de nouveau , mais plus correctement , par Ficoroni , dans sa dissertation intitulée : *La Bolla d'Oro* , etc. (1732 , *in-*4° , *page* 75). Voici son opinion sur les deux squelettes.... *Scheltri , i quali siccome mostravano à passaggeri della via Aurelia , dove si scavo detto marmo , che li loro corpi eran stati seppelliti , e non bruggiati , secondo il costume poscia dilla maggior parte de' Romani.....* ,, Les squelettes apprenaient à ceux qui passaient dans la voie ,, Aurelia , où ce marbre a été déterré , que les corps ,, avaient été ensevelis et non brûlés , selon l'usage qui ,, fut adopté depuis par le plus grand nombre des ,, Romains. ,, Je ne sais sur quel fondement Ficoroni a formé cette conjecture ; car l'épitaphe ne présente rien de relatif. Au reste , elle est ingénieuse , et j'y souscris volontiers. Voici l'inscription :

CRITONIA Q. L. PHILENIA

POPA DE INSVLA

Q. CRITONI Ɔ. L. DASSI

SCALPTORIS V CLARI

SIBI SVISQVE POSTER.

EOR.

Il était réservé à cette religion , qui fait de la mort un sujet perpétuel de méditation pour ses sectateurs , qui les effraie sans cesse par la crainte de supplices éternels , il lui était réservé de couvrir les murs des temples de ces affreuses images. Ce ne fut point encore assez de ces représentations atroces ; on joignit la bizarrerie à la cruauté ; on donna de la consistance aux larmes elles-mêmes ; et l'on en sema le champ de ces hideux tableaux.

Consolons-nous : un jour plus beau et plus vrai luit pour les arts. Le goût s'est épuré ; et grâces aux conseils de Winckelmann , de Lessing et de quelques écrivains français , des squelettes ne choqueront plus notre vue. C'est dans le dessein de contribuer à ce rétablissement du bon goût , que je me suis laissé entraîner à une discussion qui ne peut paraître étrangère à l'objet qui m'occupe.

Je reviens au supplice du juge criminel , et à l'horreur que sa vue inspire. Nous éprouverions un sentiment de même nature, si , parvenus à l'âge où nous avons étudié les principes des beaux-arts , nous voyions pour la première fois dans un tableau , un cœur séparé du corps. Pénétré de cette idée , j'ai recherché dans les monumens des anciens , des représentations de cette partie du corps de l'homme, et je n'en ai trouvé qu'une. Elle se voit sur le revers des médailles d'une ville grecque , où le cœur tient lieu de ce que nous appelons des *Armes parlantes*. Pellerin (*Rec. de méd. de peuples*, *tom.* 1 , *pl.* 34 , *et page* 197.) a , par cette raison , attribué à la ville de Thrace , appelée *Cardia* , en français , *Cœur*, ces médailles qui n'ont , d'ailleurs , ni inscription , ni légende. Ce nom fut donné à *Cardia* , selon Pline (*lib.* 4 , *cap.* 11) , parce que „ le lieu où elle „ était située , avait la figure d'un cœur „... *Cardia....* *ex facie loci nomine accepto.* Solin (*cap.* 16.) rapporte la même étymologie.... *Quæ , quòd in cordis faciem sita sit dicta est.* Mais on en trouve une autre dans Etienne de Byzance (*voce* Καρδία). Selon lui , un corbeau ayant enlevé le cœur de la victime , pendant le sacrifice qu'offrait *Hermocharès* , en bâtissant cette ville , on lui donna un nom qui rappelait cette circonstance extraordinaire. Quelle que soit l'étymologie que l'on adopte, on trouvera du moins une raison plausible du type de *Cardia*. On sait que les villes grecques plaçaient sur leurs monnaies des symboles qui servaient à les faire distinguer ; et celle-ci consacre une allusion à son nom, pour remplacer la légende ordinaire.

On croit, à la vérité, trouver un cœur représenté sur un de ces vases grecs, si long-tems nommés improprement étrusques, et dont Hamilton a publié un second recueil en 1795, (*planche* 50 *du* 2ᵉ *volume*). Une femme porte un plat ; et sur ce plat paraît au milieu de plusieurs fruits un objet que l'auteur du texte prend pour un cœur. Il en conclut que c'était un sacrifice à Rhéa...... ,, Le ,, cœur, selon Phurnutus (*de naturâ Deorum*, *pag.* ,, 146, *inter opuscula mythologica*), était, dit-il, offert ,, à Rhéa, comme principe de la vie ; parce qu'elle pré- ,, sidait à la génération. ,, Deux raisons m'empêchent d'adopter cette opinion. La première est prise de l'*indé-cision* de l'objet qui est donné pour un cœur, et qui paraît plutôt n'être qu'une feuille placée sur les fruits. Les petits objets représentés sur les vases grecs, dits étrusques, n'étant exprimés que par les contours, lais-sent une grande incertitude sur leur nature ; et le nou-veau recueil n'en donnant que le simple trait, le doute devient encore mieux fondé, lorsqu'on ne peut voir les originaux. Au reste, ce prétendu cœur ressemble parfaitement à ces feuilles que tiennent plusieurs figures sur les monumens antiques, et que, malgré leur petitesse, on a prises quelquefois pour des éventails. On les reconnaît pour celles du lierre à feuilles panachées, et à fruit jaune, ou à fruit doré, pour parler le langage de Théophraste et de Pline ;

mais on ne peut dire rien de certain sur la cause pour laquelle on les portait.

La seconde raison qui m'empêche d'adopter l'opinion que je combats ici, est l'interprétation différente que je crois devoir donner au passage de Phurnutus. Le voici : καρδίαν δ' ἀνατιθέασιν αὐτῇ, παριστάντες ὅτι αἰτία τῆς ζωογονίας αὐτη ἐγένετο. ,, Ils consacrent le cœur à Rhéa, donnant ,, à entendre qu'elle est la cause de la génération ,, des animaux. ,, Ils consacrent, c'est-à-dire, *ils mettent sous la protection de Rhéa* : et non, *ils lui offrent en sacrifice le cœur.* C'est ainsi que la poitrine était consacrée à Neptune, que les reins l'étaient à Vénus, etc., etc., et cependant il ne paraît pas qu'on les leur offrît en sacrifice.

Ce plat chargé de fruits, sur lesquels on croit reconnaître un cœur, rappelle un trait d'esprit et de finesse, qui mérite d'être conservé à la postérité. Louis XV fesait à Rheims une entrée solennelle. Le maire, en lui offrant les produits de la Champagne, lui dit : ,, Sire, nous vous offrons ce que nous avons de meil- ,, leur, nos poires, nos vins, nos cœurs. ,, Assurément ce n'eût pas été de cette harangue que Louis XIII eût entendu parler, lorsqu'il répondait à ceux qui étaient étonnés de lui voir déjà des cheveux blancs : ,, Ce sont ,, les mauvaises harangues que j'ai été forcé d'entendre, ,, en parcourant mon royaume, qui m'ont blanchi ,, avant le tems. ,,

Un passage de Macrobe apprend que les bulles des enfans des Patriciens présentaient la figure d'un cœur. (*Saturnalium*, *lib.* 2, *cap.* 6). *Nonnulli credunt ingenuis pueris attributum ut cordis figuram in bulla ante pectus annecterent ; quam inspicientes ita demum se homines cogitarent, si corde præstarent, togamque prætextam his*

additam ; ut ex purpuræ robore ingenuitatis pudore rege-
rentur. ,, Quelques-uns , dit-il , croient qu'il avait été
,, accordé aux enfans des Patriciens de porter , sur la
,, poitrine, la figure d'un cœur; afin qu'en la regardant ils
,, pensassent qu'ils seraient hommes, *lorsqu'ils auraient*
,, *du cœur* ; et la toge bordée de pourpre , afin que cette
,, vive couleur fût le symbole de la pudeur , fruit de
,, leur naissance. ,, Nous avons plusieurs de ces bulles.
Ficoroni écrivit en 1732 , sur une bulle d'or trouvée en
Italie , un petit traité , où il parle d'une semblable , qui
était dans le cabinet Chigi. En 1786 , on en a trouvé
une de même forme et de même matière , lorsqu'on
détruisit un tour à Aix , en Provence : elle est déposée
aujourd'hui dans la collection des antiques nationales.
Ce sont véritablement des bulles de jeunes Patriciens.
Ni sur l'une , ni sur l'autre , ni sur aucune de celles que
présentent les statues et les bas-reliefs , et qui toutes sont
rondes , on n'aperçoit de cœur , ni rien qui en ait la
forme. Peut-être que l'on découvrira quelque jour une
bulle , telle que l'a décrite Macrobe. Mais , si le contraire arrivait , on n'en pourrait pas davantage révoquer
en doute la vérité de ce qu'a écrit sur cet objet , qui
était tous les jours sous les yeux de tout le monde , un
auteur contemporain.

Voilà donc un seul monument antique , sur lequel
on soit certain de trouver un cœur représenté ! Quelle
différence chez les modernes ! On y a vu des cœurs percés de flèches , deux cœurs percés du même trait , des
cœurs d'où s'exhalent des flammes , des cœurs empilés
sur un autel , etc. Pompeio Battoni , peintre romain ,
mort depuis peu , en a placé plusieurs sur les genoux de
Vénus..... Il semble que l'on ait voulu exprimer sur
la toile et le marbre , toutes les façons de parler pro-

verbiales, qui ont le cœur pour objet. Je ne sais pas même comment on a oublié celle-ci : *Avoir le cœur sur le bord des lèvres !* Il eût peut-être fallu que cette hideuse caricature eût été exécutée, pour qu'elle fît sentir l'inconvenance de l'usage que je combats. Car il existe des abus qui, devenus généraux et habituels, ont besoin, pour être reconnus, d'une forte exagération.

Le goût trace, entre les tableaux du poëte et ceux du peintre, une ligne de démarcation, qui n'en est pas moins réelle, pour être difficilement aperçue. Souvent le sens intime, ou l'instinct (si l'on préfère cette dénomination), nous fait réprouver des peintures prétendues ingénieuses, des allégories trop recherchées, sans que l'on puisse en distinguer les raisons du premier coup-d'œil. J'en vais citer un exemple frappant... C'est une belle pensée en poësie ; c'est présenter une belle image, que de proposer d'élever la Liberté sur les débris des statues des rois. Eh bien ! on a donné de la réalité à ce tableau sur une des places de Paris ; et l'on sait combien l'œil a été choqué en voyant une statue nouvelle, entière, placée sur un piédestal à demi-ruiné. Je n'entends parler ici ni du choix du sujet, ni du mérite de la statue. Il me suffit de faire observer cette étrange disparate, et d'ajouter qu'elle eût été la même, quelque sujet que le monument eût représenté.

L'épisode du comte Ugolin est un des endroits les plus attachans de l'enfer du Dante (*Chant* 33). On a représenté cet infortuné père et ses enfans, condamnés à mourir de faim dans le même cachot. Ce dessin pénètre de tristesse et de douleur ; mais il n'inspire de l'horreur que pour leur bourreau, le féroce archevêque de Pise. Il en inspirerait pour l'artiste, le tableau où l'on verrait le supplice de l'archevêque. Il est, selon le Dante, plongé dans les marais de l'enfer, où sa victime, le malheureux Ugolin, lui ronge le crâne, et se repaît d'un sang qui ne tarit jamais. On lit avec un intérêt mêlé d'effroi la peinture du comte acharné sur sa proie; mais qui pourrait la voir sur la toile, sans reculer d'horreur, et sans blâmer l'artiste, qui, dans cette occasion, aurait si mal-adroitement osé lutter avec le poëte?

Il serait aussi blâmable, celui qui voudrait peindre l'issue ingénieuse du combat de l'Amour contre Anacréon (*Ode* 14). Le Chantre des Grâces fuit devant son redoutable adversaire. Mais celui-ci ayant épuisé son carquois, s'élance et pénètre lui-même tout entier dans le cœur du poëte. Je suis étonné que ce sujet n'ait pas été proposé par quelque moderne iconologiste.

D'après ce principe erroné, que la Poësie et la Peinture étant sœurs, leurs images peuvent être communes, les Artistes ont souvent tracé des allégories inexplicables. Ils ont de plus adopté, un mélange choquant de personnages historiques et d'êtres mythologiques, ou allégoriques. La vie de Marie de Médicis, par Rubens, connue sous le nom de Galerie du Luxembourg, présente un exemple célèbre de cette licence. Si on perd de vue un instant la renommée du peintre, la magie de son coloris, etc., et que l'on examine ses compositions, indépendamment des autres parties pittoresques, on sera convaincu de cette vérité. La Reine à qui Pallas enseigne à lire; les Grâces qui président à son éducation; Mercure qui la conduit dans sa fuite, etc., etc. Peut-être cet appareil mythologique mis en scène avec Marie et Henri IV, animerait-il un poëme épique, y répandrait-il la vie et le mouvement; parce que la rapidité d'une lecture ne laisse pas à la réflexion le tems de juger avec sévérité, et de refroidir le sentiment. Dans la Peinture au contraire, les personnages sont fixés sous les yeux du spectateur. Il peut donner à leur examen tout le tems qu'il juge à propos. Alors, l'illusion qu'a fait naître un premier coup-d'œil, s'affaiblit par degré, se dissipe entièrement, et laisse la raison reprendre sa balance et son compas.

Ces réflexions seront mieux senties, si j'en fais en particulier l'application à un des tableaux de cette galerie de Rubens. Je choisis celui où le peintre a voulu mettre en action cette pensée : le Tems détruit les fâcheuses impressions que les calomnies répandues sur Marie, avaient faites dans l'esprit du Roi, son fils. On voit le Tems, ou Saturne qui enlève la Vérité ; et plus haut sur des nuages, le Roi et la Reine qui tiennent une couronne d'olivier, dans laquelle sont renfermées deux mains jointes tenant aussi un cœur enflammé. Certes, on ne peut nier que le Tems découvrant la Vérité, c'est-à-dire, lui arrachant son voile et l'enlevant dans les airs, ne soit à la fois une belle pensée et une belle composition de tableau. Le Poussin l'a exécutée avec cette sagacité qui caractérise tous ses ouvrages. Mais dans son tableau l'Envie, la Calomnie, tous les personnages sont allégoriques. La Fille du Tems a été reléguée par les hommes perfides, sur le sommet d'un roc. Le Tems la découvre enfin ; l'arrache à ses ennemis ; la soustrait aux serpens de l'Envie, aux poignards de la Calomnie ; et la porte triomphante au séjour de l'immortalité. Aucun personnage historique ne distrait le spectateur ; rien ne le rappelle sur la terre. Tout est d'accord, d'ensemble ; et tout caractérise le sage Poussin. Cet éloge mérité fait seul la critique du tableau de Rubens.

Je sais que l'on pourrait citer contre mon opinion,
la Victoire couronnant des Héros ; Jupiter étendant
son bras protecteur sur un Empereur, et quelques
autres exemples semblables, qui sont répétés sur les
médailles et les marbres antiques. Ces compositions
peu variées, et formées ordinairement d'un petit
nombre de personnages, ne deviennent communes
que depuis le siècle des Antonins, dernier âge et de
la belle architecture, et de la bonne sculpture. Cette
observation sert à faire apprécier les bas-reliefs pos-
térieurs à cette époque ; et qui, pour la plupart,
appartenaient à des tombeaux. Or, ces sarcophages
étaient fabriqués en manufacture (si je puis m'exprimer ainsi), comme on en peut juger d'après la répé-
tition fréquente des mêmes compositions : compositions dont plusieurs n'ont aucun rapport avec le trépas,
ni avec les actions de ceux qui devaient adopter ces
marbres pour leur demeure éternelle. C'est-là que l'on
trouve si fréquemment le mélange des êtres réels et
des personnages mythologiques. Aussi les artistes qui
étudient les recueils d'antiquités, doivent y distinguer
celles-ci avec soin, et se défier de l'esprit qui en créa
les compositions.

Quant aux bas-reliefs de cette espèce qui sont anté-
rieurs au siècle des Antonins, je développerai ce qu'ont
donné à entendre les écrivains qui, depuis un demi-
siècle, ont travaillé à rappeler les beaux-arts à leurs
véritables principes ; et je le fortifierai de nouveaux
raisonnemens.

Les Sculpteurs anciens se voyant privés du clair-
obscur et des avantages de la perspective linéaire, parce
que le peu de hauteur du champ qui leur était consacré,
les forçait à sacrifier les accessoires aux figures, renon-

cèrent à lutter avec la peinture. Ils créèrent des moyens de convention pour suppléer à ce défaut. Ils placèrent dans leurs compositions des objets qui, dénués à la vérité de proportion, mais reconnus par tout le monde pour des signes convenus, formaient une espèce d'écriture hiéroglyphique. Ainsi un fleuve, qui par sa largeur relative aurait dû occuper une grande partie du bas - relief, était indiqué par un très - faible courant d'eau; lequel, placé à côté d'une louve allaitant deux enfans, tenait lieu de ces mots : La scène se passe sur les bords du Tybre. Ainsi un génie tenant un flambeau et porté dans un char, annonçait le point du jour, le soir, ou midi, selon qu'il était placé à la droite, à la gauche des personnages, ou qu'il occupait le milieu et le haut du tableau. Ainsi des cabanes, des tours, des remparts, des montagnes ou des arbres, objets représentés plus petits que les personnages qu'ils eussent écrasés, anéantis, s'ils eussent eu leur grandeur relative, semblaient dire aux spectateurs : Achille traîne le corps d'Hector autour des remparts de Troie : Jupiter descend du mont Ida : Pan habite les forêts de l'Arcadie, etc. etc. Ainsi la palme décernée aux chevaux d'Hiéron dans les jeux olympiques, était annoncée et, pour ainsi dire, inscrite sur les médailles de Syracuse par le type de la victoire couronnant ce roi monté sur un quadrige. On pouvait à la vérité graver sur une médaille ces mots : Antonin place ses fils sous la protection de Jupiter. Mais on trouva plus poétique de graver le Dieu lui-même étendant son bras et son foudre redoutable sur Marc-Aurèle et sur Vérus. On doit observer, et je le répète, que ces hiéroglyphes sont peu nombreux, et que rarement on en voit plusieurs dans une composition.

Voilà ce que l'on a dit pour justifier le mélange des êtres réels et des personnages mythologiques, ou allégoriques. Mais, ce que je ne crois pas que l'on ait dit, et ce qui me paraît plus concluant, c'est que cette disparate dont on est choqué avec raison dans les peintures modernes, n'en était pas une pour les anciens. D'abord les personnages allégoriques n'étaient point chez eux distingués des divinités. On rendait un culte solennel aux uns et aux autres. L'encens fumait à Athènes sur l'autel de la Miséricorde, comme dans le Parthénon: à Rome, le temple de l'Honneur était fréquenté, ainsi que ceux de la Paix, de la Concorde et de Jupiter-Capitolin. Ensuite on croyait fermement que les personnages allégoriques et mythologiques étant des divinités, pouvaient tout, se trouvaient en tout lieu, parcouraient l'Univers entier, créaient les bonnes pensées, versaient le remords dans le cœur des méchans, accordaient la victoire, protégeaient les hommes pieux, etc., etc. . . . . Dès-lors les compositions dans lesquelles on les fesait entrer, n'étaient que des *actes de foi*, pour me servir d'un terme ascétique, en parlant de la théologie des Anciens.

Ainsi l'on vit nos pieux ancêtres se faire peindre aux pieds de la croix, entre Marie et Saint-Jean, ou conduits par des anges dans le chemin de la vertu. Ainsi des cardinaux-diacres voulurent être placés sur le Thabor avec Elie et Moïse, etc., etc. : et l'on n'en fut point choqué, parce que tout le monde croyait alors sans hésiter à la vérité de l'histoire des Juifs, à celle des livres des Chrétiens, à l'existence des anges-gardiens, et même aux légendes les plus absurdes et les plus invraisemblables. Pour nous, qui ne reconnaissons point la divinité de Jupiter, ni celle de la Prudence, qui ne les croyons point présens en tous lieux , qui ne nous mettons point sous leur protection , nous ne permettons plus aux artistes de les associer à nos travaux , de leur faire partager nos succès. En un mot, cet usage familier et raisonnable autrefois , est devenu pour nous invraisemblable et par conséquent froid et insipide. Dès-lors les personnages mythologiques doivent , pour nous plaire , former seuls des compositions ; l'usage des êtres allégoriques doit être extrêmement rare ; et plus rarement encore doit-on les associer avec les personnages historiques.

Je terminerais ici mes réflexions , si je ne croyais devoir auparavant rendre aux artistes une justice qui leur est due. Je craindrais que l'on ne me supposât une opinion qui est entièrement contraire à ma pensée: c'est-à-dire que je regarde les artistes comme dénués d'instruction. Sans parler des vivans dont on connaît les lumières , de qui je reçois les conseils avec reconnaissance , et dont la modestie me commande le silence ; à toutes les époques on en a vu plusieurs unir la science à la pratique. Le Poussin paraît le premier à cause de l'étendue de ses connaissances. Raphaël et Jules-Romain viennent ensuite. On trouve depuis en France le Sueur, le Brun, etc. , etc. De nos jours enfin, Mengs , Rainolds , Falconnet , etc. , et tant d'autres que je ne nommerai point , parce que je ne compose pas un traité.

Après cet exposé sincère de mes sentimens , je puis dire que , si les artistes ont quelquefois employé des allégories forcées , absurdes même , il faut accuser de ces erreurs les auteurs des traités d'iconologie. La plupart des artistes ont pu penser qu'ils ne pouvaient mieux faire que de consulter et de croire des écrivains qui s'annonçaient pour posséder à fond cette partie de la science pittoresque. Mais ces iconologistes n'avaient étudié que les poëtes. Ils ne doutaient même pas que les descriptions de ceux-ci, que leurs allégories ne pussent être transportées sur la toile sans aucune distinction ; et ils en grossirent leurs recueils. Quant aux monumens antiques, bas-reliefs, médailles et peintures, les seuls témoins inexcusables de la doctrine des anciens, à peine ont-ils jeté sur eux un coup d'œil rapide. Leur imagination aurait été resserrée dans un champ trop étroit. La vérité paraît trop simple à ceux qui ne voient le beau que dans le gigantesque.

Montfaucon plus sage ne recueillit que des monumens antiques, ou que l'on croyait tels à cette époque. Du nombre des derniers, sont les figures allégoriques publiées vers la fin du siècle dernier, par Ottavio Rossi, dans les *Memorie Bresciane*. Ces bizarres figures sont de l'invention de Rossi, qui voulut persuader à l'Europe que c'étaient des marbres antiques. Souvent elles tiennent des cœurs, et, comme tous les savans reconnaissent aujourd'hui les *Antiquités de Brescia* pour un ouvrage supposé, j'en tire une nouvelle preuve en faveur de mon opinion sur l'abus de ces représentations. L'Italie a produit plusieurs imposteurs de cette espèce. Entre autres, Naples a vu de nos jours un de ses écrivains publier sous le faux nom de *Campo-Longo*, un recueil *in*-4°. d'inscriptions latines annoncées pour avoir été recueillies aux environs du Vésuve, et qui toutes sont controuvées. On a peine à concevoir qu'un écrivain ait le goût assez dépravé pour se permettre de si pénibles et de si odieuses supercheries.

Depuis un demi-siècle, Lessing, et plusieurs autres

écrivains, en Allemagne , Winckelmann et Mengs, en Italie ; en France , Caylus et quelques écrivains vivans, entre lesquels on distingue l'auteur de l'explication des pierres gravées, qui appartenaient jadis à la maison d'Orléans , ont contribué par leurs écrits à ramener le bon goût, à proscrire les allégories bizarres et forcées, et à faire rechercher dans les monumens des anciens pour les objets qu'ils ont connus, les allégories approuvées par la raison. Entr'autres ouvrages de Winckelmann , celui qui en partie a pour objet l'allégorie et qui en porte le titre , doit être le manuel des artistes ; et c'est par ce conseil utile que je termine mes réflexions.